Für:
Von:

ISBN 978-3-649-61612-2

Hafenweg 30, 48155 Münster, Germany

Redaktion: Daniela Kuhlmann
Textsatz: Elmar Möllmann, Inter[net]litho

Printed in Slovakia

www.coppenrath.de

Dieser Text wurde unter Berücksichtigung der alten Rechtschreibung abgedruckt.

Erich Kästner

Das Märchen vom Glück

Mit Illustrationen von Ulla Mersmeyer

COPPENRATH

Siebzig war er gut und gern, der alte Mann, der mir in der verräucherten Kneipe gegenübersaß. Sein Schopf sah aus, als habe es darauf geschneit, und die Augen blitzten wie eine blankgefegte Eisbahn.

„Oh, sind die Menschen dumm“, sagte er und schüttelte den Kopf, daß ich dachte, gleich müßten Schneeflocken aus seinem Haar aufwirbeln. „Das Glück ist ja schließlich keine Dauerwurst, von der man sich täglich seine Scheibe herunterschneiden kann!“

„Stimmt“, meinte ich, „das Glück hat ganz und gar nichts Geräuchertes an sich. Obwohl...“

„Obwohl?“

„Obwohl gerade Sie aussehen, als hinge bei Ihnen zu Hause der Schinken des Glücks im Rauchfang.“

„Ich bin eine Ausnahme“, sagte er und trank einen Schluck.

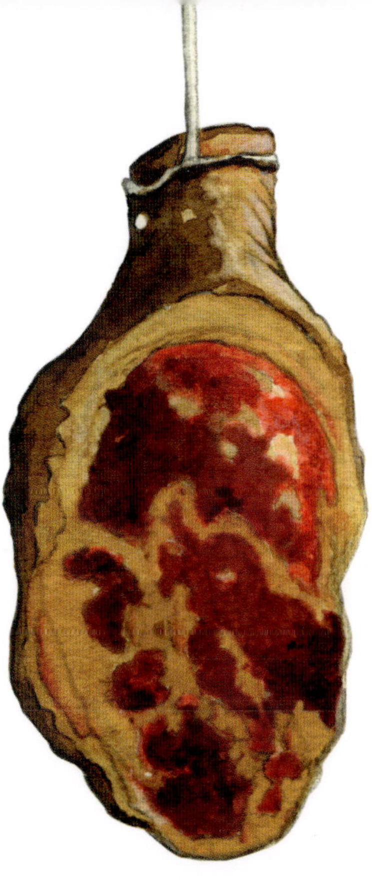

„Ich bin die Ausnahme. Ich bin nämlich der Mann, der einen Wunsch frei hat.“ Er blickte mir prüfend ins Gesicht, und dann erzählte er seine Geschichte. „Das ist lange her“, begann er und stützte den Kopf in beide Hände, „sehr lange. Vierzig Jahre. Ich war noch jung und litt am Leben wie an einer geschwollenen Backe.

Da setzte sich, als ich eines mittags verbittert auf einer grünen Parkbank hockte, ein alter Mann neben mich und sagte beiläufig:
‚Also gut. Wir haben es uns überlegt. Du hast drei Wünsche frei.‘

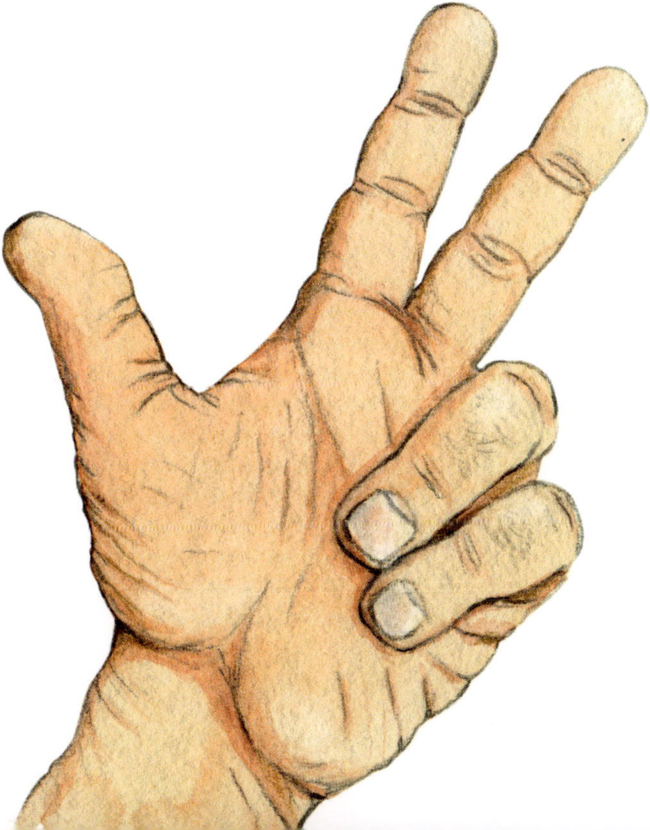

Ich starrte in meine Zeitung und tat, als hätte ich nichts gehört. ‚Wünsch dir, was du willst', fuhr er fort, ‚die schönste Frau oder das meiste Geld oder den größten Schnurrbart – das ist deine Sache. Aber werde endlich glücklich! Deine Unzufriedenheit geht uns auf die Nerven.' Er sah aus wie der Weihnachtsmann in Zivil. Weißer Vollbart, rote Apfelbacken, Augenbrauen wie aus Christbaumwatte. Gar nichts Verrücktes. Vielleicht ein bißchen zu gutmütig.

Nachdem ich ihn eingehend betrachtet hatte, starrte ich wieder in meine Zeitung. ‚Obwohl es uns nichts angeht, was du mit deinen drei Wünschen machst', sagte er, ‚wäre es natürlich kein Fehler, wenn du dir die Angelegenheit vorher genau überlegtest; denn drei Wünsche sind nicht vier Wünsche oder fünf, sondern drei. Und wenn du hinterher noch immer neidisch und unglücklich wärst, könnten wir dir und uns nicht mehr helfen.'

Ich weiß nicht, ob Sie sich in meine Lage versetzen können. Ich saß auf einer Bank und haderte mit Gott und der Welt. In der Ferne klingelten die Straßenbahnen. Die Wachtparade zog irgendwo mit Pauken und Trompeten zum Schloß und neben mir saß nun dieser alte Quatschkopf!“

„Sie wurden wütend?“

„Ich wurde wütend. Mir war zumute wie einem Kessel kurz vorm Zerplatzen. Und als er sein weißwattiertes Großvatermündchen von neuem aufmachen wollte, stieß ich zornzitternd hervor: ‚Damit sie alter Esel mich nicht länger duzen, nehme ich mir die Freiheit, meinen ersten und innigsten Wunsch auszusprechen – scheren Sie sich zum Teufel!‘ Das war nicht fein und höflich, aber ich konnte einfach nicht anders. Es hätte mich sonst zerrissen.“

„Und?“
„Was ‚Und‘?“
„War er weg?“
„Ach so! – Natürlich war er weg!
Wie fortgeweht. In der gleichen
Sekunde. In nichts aufgelöst.
Ich guckte sogar unter die Bank.
Aber dort war er auch nicht.

Mir wurde ganz übel vor lauter Schreck. Die Sache mit den Wünschen schien zu stimmen! Und der erste Wunsch hatte sich bereits erfüllt! Du meine Güte! Und wenn er sich erfüllt hatte, dann war der gute, liebe, brave Großpapa, wer er nun auch sein mochte, nicht nur weg, nicht nur von meiner Bank verschwunden, nein, dann war er beim Teufel! Dann war er in der Hölle!

‚Sei nicht albern', sagte ich zu mir selber. ‚Die Hölle gibt es ja gar nicht und den Teufel auch nicht. ‚Aber die drei Wünsche, gab's denn die? Und trotzdem war der alte Mann, kaum hatte ich es gewünscht, verschwunden ... Mir wurde heiß und kalt. Mir schlotterten die Knie. Was sollte ich machen? Der alte Mann mußte wieder her, ob's nun eine Hölle gab oder nicht. Das war ich ihm schuldig.

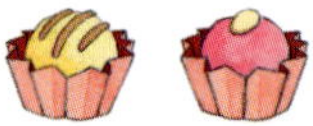

Ich mußte meinen zweiten Wunsch dransetzen, den zweiten von dreien, o ich Ochse! Oder sollte ich ihn lassen, wo er war? Mit seinen hübschen, roten Apfelbacken? ‚Bratapfelbäckchen', dachte ich schaudernd. Mir blieb keine Wahl. Ich schloß die Augen und flüsterte ängstlich: ‚Ich wünsche mir, daß der alte Mann wieder neben mir sitzt!' Wissen Sie, ich habe mir jahrelang, bis in den Traum hinein, die bittersten Vorwürfe gemacht, daß ich den zweiten Wunsch auf diese Weise verschleudert habe, doch ich sah damals keinen Ausweg. Es gab ja damals keinen ..."

„Und?“
„Was ‚Und‘?“
„War er wieder da?“
„Ach so! – Natürlich war er wieder da! In der nämlichen Sekunde. Er saß wieder neben mir, als wäre er nie fortgewünscht gewesen. Das heißt, man sah‘s ihm schon an, daß er irgendwo gewesen war, wo es verteufelt, ich meine, wo es sehr heiß sein mußte. O ja. Die buschigen, weißen Augenbrauen waren auch ein bißchen verbrannt. Und der schöne Vollbart hatte auch etwas gelitten. Besonders an den Rändern. Außerdem roch‘s wie nach versengter Gans.

Er blickte mich vorwurfsvoll an. Dann zog er ein Bartbürstchen aus der Brusttasche, putzte Bart und Brauen und sagte gekränkt: ‚Hören Sie, junger Mann – fein war das nicht von Ihnen!‘

WIRTSCHA

Ich stotterte eine Entschuldigung. Wie leid es mir täte. Ich hätte doch nicht an die drei Wünsche geglaubt. Und außerdem hätte ich immerhin versucht, den Schaden wieder gutzumachen. ‚Das ist richtig', meinte er. ‚Es wurde aber auch höchste Zeit.'

Dann lächelte er. Er lächelte so freundlich, daß mir fast die Tränen kamen. ‚Nun haben Sie nur noch einen Wunsch frei', sagte er, ‚den dritten. Mit ihm gehen Sie hoffentlich ein bißchen vorsichtiger um. Versprechen Sie mir das?'
Ich nickte und schluckte. ‚Ja', antwortete ich dann, ‚aber nur wenn Sie mich wieder duzen.'

Da musste er lachen. ‚Gut, mein Junge', sagte er und gab mir die Hand. ‚Leb wohl. Sei nicht allzu unglücklich. Und gib auf deinen letzten Wunsch acht.' – ‚Ich verspreche es Ihnen', erwiderte ich feierlich. Doch er war schon weg. Wie fortgeblasen."

„Und?“
„Was ‚Und‘?“
„Seitdem sind Sie glücklich?“
„Ach so. – Glücklich?“ Mein Nachbar stand auf, nahm Hut und Mantel vom Garderobenhaken, sah mich mit seinen blitzblanken Augen an und sagte: „Den letzten Wunsch habe ich vierzig Jahre lang nicht angerührt. Manchmal war ich nahe daran. Aber nein. Wünsche sind nur gut, solange man sie noch vor sich hat. Leben Sie wohl.“

Ich sah vom Fenster aus, wie er über die Straße ging. Die Schneeflocken umtanzten ihn. Und er hatte ganz vergessen, mir zu sagen, ob wenigstens er glücklich sei. Oder hatte er mir absichtlich nicht geantwortet? Das ist natürlich auch möglich.